척척 탐정은
지도를 못 본대

글 김미애

잘 먹는 먹깨비에 잘 노는 놀깨비 그리고 잘 놀고 잘 먹는 것보다 재미난 것을 가장 좋아하는 재미깨비 예요. 그래서 재미있고 신나는 이야기를 짓는 글깨비가 되었답니다.
쓴 책으로는 《무지막지 공주의 모험》《말도 안 돼》《도서관 벌레와 도서관 벌레》《자전거 소년》《고물상 할아버지와 쓰레기 특공대》《새콤달콤 비밀 약속》《내 마음대로 규칙》 등이 있습니다. 2009년 한국안데르센상, 2010년 창비 좋은어린이책 공모전에서 수상했고, 《도서관 벌레와 도서관 벌레》가 2010년 김해시 올해의 책으로, 《내 마음대로 규칙》이 세종도서 교양 부문에 선정되었습니다.

그림 유설화

한겨레 그림책 학교에서 일러스트레이션을 공부했습니다. 그린 책으로《착한 동생 삽니다》《노란 프라이팬》《국회의원 서민주, 바쁘다 바빠!》《민서와 함께 춤을》《사라진 축구공》 등이 있고, 쓰고 그린 책으로 《슈퍼 거북》《으리으리한 개집》이 있습니다.

│ 이 책에 대한 설명 │

지도나 내비게이션으로 길을 찾아본 적이 있나요? 날씨를 확인하기 위해 일기예보를 본 적이 있나요? 바닷가에 사는 사람과 산에 사는 사람은 왜 생활 모습이 다른지, 다른 나라에 가 보지 않고 어떻게 정보를 알 수 있는지, 궁금했던 적이 있나요? 이렇게 우리가 살아가는 생활 모습과 자연환경을 연구하고 공부하는 학문을 '지리'라고 해요. '지리'는 우리의 생활과 가깝게 연결돼 있어서 꼭 필요한 학문이에요. 지형과 기후, 자원, 도시, 촌락, 인구, 교통, 문화 등이 모두 지리와 관련한 내용이지요.
이 책은 지도와 '지리'에 대해 알려 주면서 사람들이 살아가는 모습을 잘 이해할 수 있게 도와준답니다.

스콜라
꼬마지식인 20

척척 탐정은 지도를 못 본대

김미애 글
유설화 그림

위즈덤하우스

"꼼꼼 조수, 큰일 났네. 빨리 우리 집으로 오게."
척척 탐정이 꼼꼼 조수에게 전화를 했어.
꼼꼼 조수가 한달음에 달려왔지.
"우아, 한 달 만에 사건이 들어왔군요. 무슨 사건이에요?"
"글쎄, 우리 엄마가 감쪽같이 사라졌어."
"맙소사!"
꼼꼼 조수가 놀라 소리쳤어.
그러고 보니, 책상과 옷장이 뒤죽박죽이었어.
집 안이 몹시 수상쩍었지.

우리가 사는 자연환경과 인문환경

척척 탐정은 지금 인문환경 속에 있어. 인문환경이 뭐냐고? 사람이 살아가는 고장의 모습은 크게 자연환경과 인문환경으로 나뉘어. 자연환경은 자연 그대로 땅의 모양과 날씨와 계절을 나타내는 기온, 눈, 비, 바람 등을 말해. 인문환경은 사람들이 필요에 따라 만든 환경이야.

자연환경: 산, 들, 하천, 바다 등.

인문환경: 다리, 도로, 공장, 아파트, 논, 밭, 과수원 등.

자연환경은 도시보다 시골 마을에 사는 사람들에게 많은 영향을 주고, 인문환경은 시골보다 도시에 사는 사람에게 많은 영향을 미쳐. 인문환경이 도시에 더 많기 때문이야.

척척 탐정은 돋보기를 들고 집 안을 살펴보았어.
산에서 찍은 엄마 사진 한 장, '곰' 글자가 있는 쪽지 한 장,
'룐' 글자가 있는 쪽지 한 장 그리고 줄무늬 고구마 그림을 찾아냈지.
척척 탐정은 산에서 찍은 엄마 사진과 쪽지 두 장을 챙겼어.
줄무늬 고구마 그림은 구겨서 휴지통에 휙 던져 버렸지.
"앗, 탐정님 단서를 버리면 어떻게 해요?"
"나는 천재 탐정! 천재 탐정은 중요한 단서를 한눈에 알아보는 법!
이런 낙서는 필요 없네. 걱정하지 말고 나만 믿고 따라오게."
척척 탐정이 큰소리를 땅땅 쳤어.
그래서 꼼꼼 조수는 수첩 하나만 달랑 챙겼지.

척척 탐정과 꼼꼼 조수는 가장 먼저
곰이 있는 동물원으로 출발했어.
강 위에 난 긴 다리를 건너고, 우뚝우뚝 아파트를 돌아,
넓은 도로를 두 번이나 건넜지.
"가는 길이 너무 복잡하군."
"도시에는 뭐든 많으니까요. 건물과 차, 사람도 많지요.
콜록콜록, 아이코 매워. 공기도 많이 오염됐네요."
꼼꼼 조수가 기침을 하며 말했어.
드디어 동물원에 도착했어.
둘은 서둘러 곰 우리로 갔지.

도시에 살아 볼까?

우리 나라는 한 지역의 인구가 5만 명 이상이면 도시로 분류해. 도시에는 사람이 많이 살고, 높은 건물도 많아. 일의 종류도 많고 일할 수 있는 곳도 많지. 도시에는 또 어떤 특징이 있을까?

병원과 소방서, 경찰서, 은행, 백화점 등 사람들이 편리하게 이용할 수 있는 건물들이 많아.

박물관과 미술관, 도서관, 동물원, 영화관 같은 문화 시설도 많지.

자동차 도로와 철로 등 교통 시설도 발달했지. 버스나 지하철을 타고 쉽게 이동할 수 있어.

우아, 도시에서 할 수 있는 일은 정말 많구나.

"곰에게 묻겠소. 당신의 이름이
우리 엄마가 사라진 곳에서 발견되었소.
이 사람을 본 적이 있소?"
척척 탐정이 엄마의 사진을 보여 주었어.
"크르렁."
곰이 두 발을 들고 크게 울었어.
순간, 뾰족한 이빨과 날카로운 발톱이 번쩍 빛났지.
"끄악!"
척척 탐정과 꼼꼼 조수가 비명을 질렀어.
두 사람은 깜짝 놀라 부리나케 동물원을 빠져나왔지.

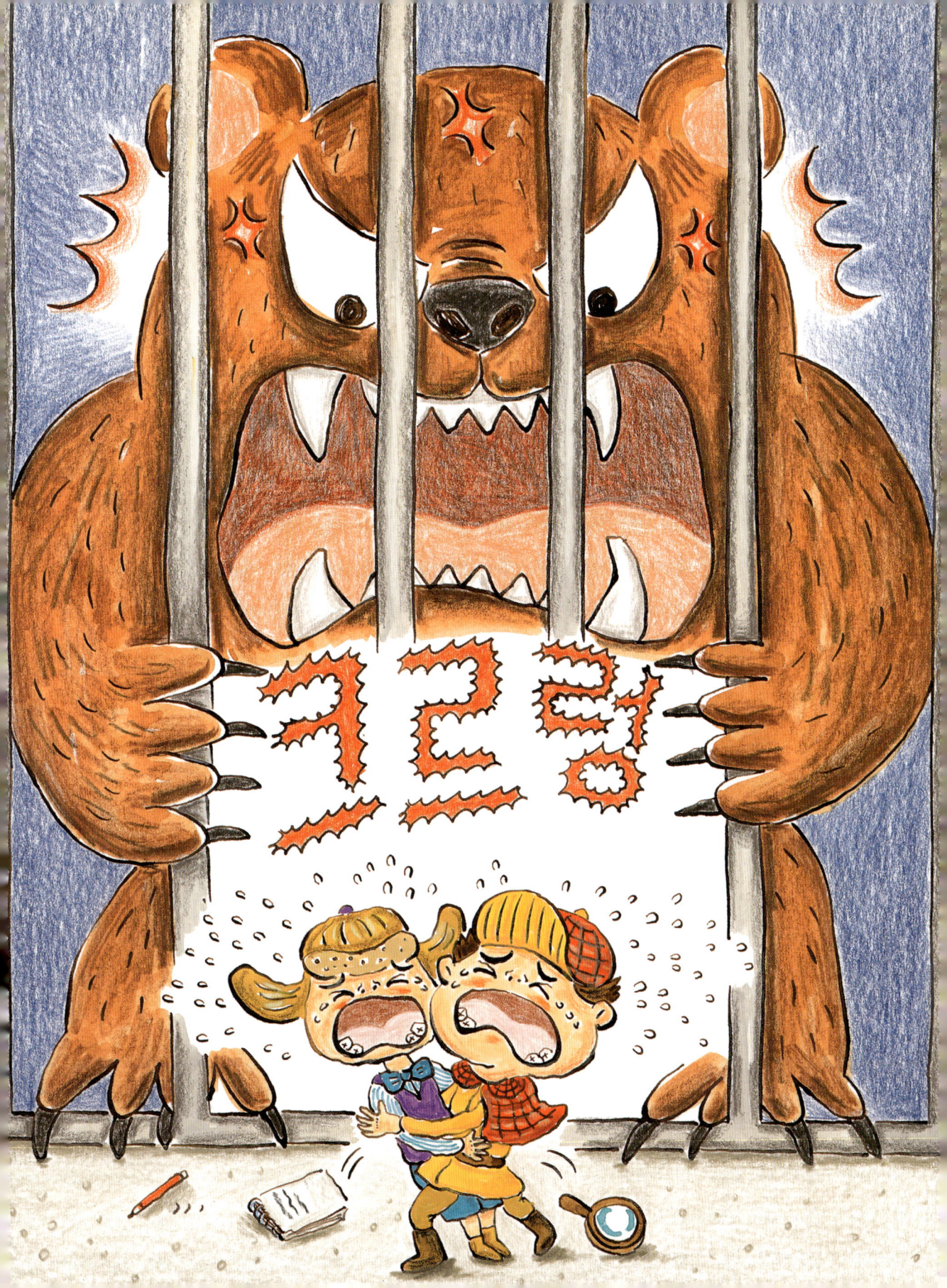

척척 탐정은 단서들을 하나씩 다시 보았어.
"탐정 제1 법칙, 모든 단서는 연결되어 있는 법!
곰과 산도 연결되어 있을 거야. 아하, 알았다!
이건 곰이 사는 산을 나타내는군. 역시 나는 천재야!"
척척 탐정이 말했어.
"아, 뉴스에서 곰이 사는 산에 대해 본 적이 있어요.
곰을 보러 간 걸까요? 설마 곰한테 잡아먹힌 건 아니겠지요?"
꼼꼼 조수가 부들부들 떨면서 물었어.
"걱정하지 말게. 곰이 무슨 짓을 하기 전에 내가 구해 낼 테니까.
왜냐하면 나는 천재 탐정이거든."
척척 탐정이 큰소리를 쳤어.

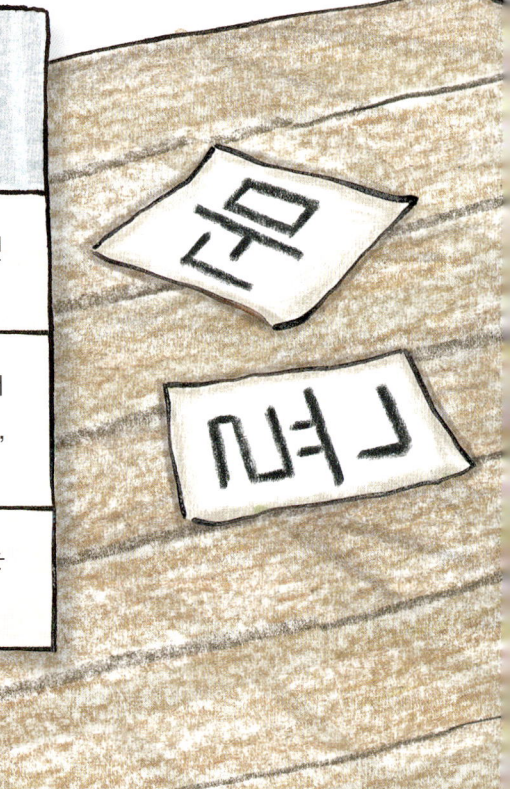

자연환경에 따라 하는 일이 달라!
사람들은 자연환경에 맞추어 살아가. 그래서 자연환경에 따라 지역의 특징과 발달한 산업이 다르지.

들과 평야 논과 밭에서 곡식과 채소 등을 재배해. 이것을 농업이라고 해.

산 산에서 목재나 약초, 나물 등을 얻고 버섯 등을 재배해. 이것을 임업이라고 해. 또 광산에서 석탄이나 금, 은 등을 캐는 일도 해.

바다 바다에서 고기를 잡거나 기르고 김과 미역 따는 일 등을 해. 이것을 어업이라고 해.

둘은 곧장 산으로 출발했어.
기차를 타고 넓은 들을 지나, 버스를 타고 고개를 넘어,
오솔길을 따라 산속으로 들어갔지.

기차 타고! 버스 타고!
우리 나라 땅은 어떤 모습일까?

우리 나라는 동쪽, 서쪽, 남쪽 이렇게 삼면이 바다로 둘러싸여 있어. 이런 나라를 **반도 국가**라고 해. 우리 땅의 70%는 산으로 이루어져 있어. 모양을 보면 용맹한 호랑이와 닮았지. 우리 땅의 특징으로는 또 어떤 것들이 있을까?

어느새 날이 어둑어둑해졌어.
길은 험해지고 나무 때문에 앞이 잘 보이지 않았지.
"꼼꼼 조수, 여기가 어디인지 확인해 보게."
"산속이잖아요. 그런데 진짜 고, 곰이 나오면 어떡해요?"
꼼꼼 조수의 목소리가 떨렸어.
그때, 산 위쪽에서 검은 그림자가 쿵쿵 내려왔어.
"으악! 곰이다!"
꼼꼼 조수가 꽥 소리를 지르며 엉덩방아를 찧었어.
"허허, 놀라긴. 보아하니 길을 잃었군. 따라오게."
망태기를 짊어진 할아버지가 말했어.
검은 그림자는 바로 할아버지였던 거야.

둘은 산 아래 둔덕에 있는 작은 집으로 할아버지를 따라 들어갔어.
할아버지가 쪽마루에 망태기를 내려놓았어.
흘깃흘깃, 척척 탐정이 망태기 안을 엿보았지.
"산에서 약초랑 나물이랑 버섯을 따 왔네. 향기롭고
고소한 맛이 일품이지."
음식 이야기에 척척 탐정이 침을 꼴깍 삼켰어.
꼼꼼 조수의 배에서는 꼬르륵, 우렁찬 소리가 났지.
할아버지가 껄껄 웃으며 밥을 주었어.

아하, 할아버지가 사는 곳은 산지촌이구나.

자연환경에 따라 촌락의 모습이 달라!

들이나 산, 바닷가와 같은 곳에서 농사를 짓거나 고기잡이를 하면서 살아가는 곳을 **촌락**이라고 해. 자연환경에 따라 발달한 산업이 다른 것처럼 촌락의 모습도 달라.

들과 평야 넓은 들에 논과 밭이 있어. 평평한 곳에 자리 잡은 촌락으로 주로 농사를 지어.

산 산으로 둘러싸여 있어. 산비탈의 밭에서 채소를 재배하거나 목장을 지어 동물을 기르기도 해.

바다 바닷가에 자리 잡은 촌락으로 고기를 잡고 기르는 일을 해. 그래서 고기를 사고파는 시장이 발달했어.

농촌

산지촌

어촌

밥 한 그릇을 뚝딱 먹고 나서 척척 탐정이 물었어.
"할아버지, 저는 지금 중요한 사건을 조사 중입니다.
이 산에 곰이 있나요?"
"있지. 하지만 깊은 산속에 있어서 사람은 못 가."
"혹시, 이 사람이 여기 왔었나요?"
할아버지는 사진을 보고 고개를 절레절레 저었어.
"여기도 없군. 엄마는 도대체 어디로 가신 걸까?"
척척 탐정이 턱을 괴고 생각에 잠겼어.
엄마 생각에 밤을 꼴딱 지새웠지.

다음 날 아침이야.
할아버지가 그림 한 장을 주며 말했어.
"마을에는 본 사람이 있을지 모르니, 이 지도를 가지고
마을로 가게. 그러면 다시는 길을 잃지 않을 거야."
할아버지는 그림을 주고 서둘러 일을 하러 나갔어.
"흠, 뭐지? 이 이상한 그림이 길을 알려 준다고?"
척척 탐정이 고개를 요리조리 돌리며 그림을 뚫어지게 보았어.

지도에 담긴 수수께끼를 찾아라!

지도는 우리가 사는 땅을 작게 줄여서 알기 쉽게 나타낸 그림이야. 산과 강, 바다, 길, 다리, 건물 등을 기호로 표시해서 쉽게 알아볼 수 있지. 지도를 보면 또 무엇을 알 수 있을까?

● 경상남도 일반도
일반도를 통해서는 고장의 모습과 위치를 알 수 있어. 자세하게는 산과 바다가 어디에 있는지 알 수 있고 우리가 사는 지역의 자연환경도 알 수 있지.

● 경상남도 주제도
주제도에서는 인구, 기후, 산업, 자원 등을 알 수 있어. 하나의 특별한 주제를 나타낸 지도지. 아래 주제도는 지역의 특산물을 알려 줘.

> 지도는 쓰임에 따라 크게 일반도와 주제도로 나뉘어.

지도를 알면 생활이 편리해!

| 친구랑 함께 지도를 보고 도서관을 찾아갔어. | 엄마랑 아빠랑 지도를 보고 여행 계획을 세웠어. | 지도를 보고 우리 집이랑 할머니 집 사이의 거리를 쟀어. |

> 우아, 지도를 보면 다른 지역뿐만 아니라 다른 나라의 정보도 알 수 있네.

> 배와 항공기 조종사도 지도를 보고 운항한대.

마침내 척척 탐정이 투덜거렸어.
"에잇, 엉터리야! 세모랑 네모뿐이잖아.
거기다 털 난 동그라미도 있군."
"탐정님! 이것도 몰라요? 지도잖아요."
"지도?"
척척 탐정이 되물었어.
"잘 보세요. 세모는 산이고, 네모는 집이에요.
털 난 동그라미는 과수원 표시고요."
"아하, 그럼 네모가 많이 있는 곳이 마을이군!
역시 나는 천재 탐정이야."
척척 탐정이 부리나케 마을이 있는 쪽으로 달려갔어.

지도를 잘 읽는 방법 1, 기호를 알자.

기호는 산, 논, 건물, 도로 등을 실제 모습보다 간단하게 나타낸 거야.

지도에 쓰는 기호는 약속이야. 하지만 나라마다 지역마다 조금씩 다르게 표시하기도 해.

△ 산　　⊥⊥ 논　　川 밭　　○ 과수원
凸 학교　∴ 명승고적　⊷ 폭포　⚐ 해수욕장
)(다리　☼ 등대　◉ 시청　◎ 군청

그런데 커다란 배나무 과수원에 도착했지 뭐야.
"역시, 엉터리군! 지도대로 왔는데 과수원이 나타났어!"
척척 탐정이 또 투덜댔어.
헐레벌떡 뒤따라온 꼼꼼 조수가 지도를 빼앗았어.
"맙소사! 지도를 거꾸로 보면 어떡해요? 방위표를 보고 가야지요.
숫자 4처럼 생긴 게 방위표예요. 위가 북쪽, 아래가 남쪽,
오른쪽이 동쪽, 왼쪽이 서쪽이라고요."
"아하, 그러니까 마을은 반대쪽이군."
척척 탐정이 딴청을 하며 슬금슬금 마을 쪽으로 걸어갔어.

지도를 잘 읽는 방법 2, 방위를 알자.

방위란 동서남북을 말해. 지도에서 방위표를 보면 방향을 알 수 있어. 방위표가 없으면 어떻게 할까? 일반적으로 위쪽이 북쪽, 아래쪽이 남쪽, 오른쪽이 동쪽, 왼쪽이 서쪽이야.
나침반으로 확인하는 방법도 있어. 나침반의 빨간색 바늘이 가리키는 방향이 북쪽이야. 반대 방향은 남쪽, 북쪽의 오른쪽은 동쪽, 왼쪽은 서쪽이지.

지도를 보고 찾아간 마을은 도시보다 아주 작았어.
둘은 할아버지 세 명, 할머니 다섯 명, 아줌마 한 명 그리고
아저씨 두 명을 만났어.
"이 사람을 본 적이 있나요?"
"아니요."
척척 탐정과 사람들은 똑같은 질문에 똑같은 대답을 했지.
척척 탐정의 엄마를 본 사람은 한 명도 없었어.
더 심각한 문제는 더 이상 물어볼 사람이 없다는 거야.
"으악! 도대체 사람이 다 어디 간 거야?"
"촌락은 원래 사람이 적어요. 다들 도시로 갔거든요."
꼼꼼 조수가 말했어.

촌락과 도시, 위기를 탈출하라!

촌락의 인구가 자꾸만 줄어들고 있어. 많은 사람이 도시로 이동했기 때문이야. 도시에는 여러 가지 편리한 시설과 일자리가 많기 때문이지. 촌락의 문제와 해결책은 무엇일까?

● 촌락의 위기

하나, 노인은 점점 늘어나고 젊은 사람은 줄어들어서 일할 사람이 없어.

둘, 외국에서 값싼 농산물이 들어와서 소득이 감소하고 있어.

셋, 교통, 문화, 의료 시설이 부족해서 생활하기가 불편해.

넷, 농약, 폐수 등으로 땅과 바다가 오염되고 있어.

● 촌락, 위기를 탈출하라!

하나, 촌락으로 오는 사람(귀촌, 귀농)에게 다양한 정보를 주고 지원을 해 줘야 해.

둘, 농업과 어업 등을 기계화해서 부족한 일손 문제를 해결해.

셋, 새로운 기술을 개발해서 품질 좋은 농수산물을 생산해.

넷, 병원과 문화 시설들을 조금씩 늘려야 해.

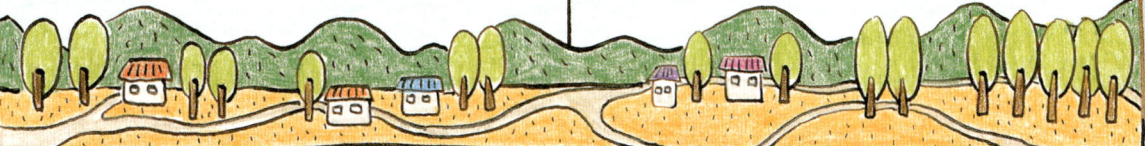

그럼, 도시는 좋은 점만 있을까? 사람들이 도시로 몰려들면서 점점 복잡해지고 있어. 도시의 문제와 해결책은 무엇일까?

● 도시의 위기

하나, 살 곳에 비해 인구가 너무 많아.

둘, 주택이 부족하고 주택의 값이 너무 비싸.

셋, 사람과 차가 많아서 교통이 복잡해.

넷, 환경이 오염되고 있어. 쓰레기가 늘어나고, 소음이 심각해. 공기나 물도 자꾸만 오염되고 있어.

● 도시, 위기를 탈출하라!

하나, 서민들을 위한 주택을 건설하는 등 주택 정책에 대한 고민이 필요해.

둘, 대중교통 이용하기, 승용차 요일제 실천하기 등 교통 문제를 해결하기 위해서 더 노력해야 해.

셋, 쓰레기를 줄이는 노력이 필요해. 그리고 물건은 되도록 재활용하고 쓰레기는 꼭 분리수거 해야 해.

척척 탐정은 주먹을 불끈 쥐었어.
"나는 포기하지 않는 천재 탐정. 다른 방법을 찾아야겠어."
그러고는 단서를 다시 확인했지.
이제 남은 건 '론' 글자가 쓰인 쪽지 한 개뿐이야.
"탐정 제2 법칙, 단서는 사건을 푸는 열쇠가 되는 법!
론도 사건을 푸는 열쇠 중 하나가 틀림없어."
척척 탐정이 쪽지를 뚫어지게 보고 있을 때야.

척척 탐정과 마주 선 꼼꼼 조수가 말했어.
"탐정님, 쪽지를 또 거꾸로 보면 어떡해요?"
그 말에 척척 탐정이 쪽지를 휙 뒤집었어.
'귤'.
쪽지에 있는 글자는 바로 귤이었던 거야.

척척 탐정은 미리 알고 있던 것처럼 시침을 뚝 떼고 말했어.
"하하하! 귤이라는 걸 나도 알고 있었어. 엄마는 귤을 찾아
떠난 거야. 왜냐하면 귤을 좋아하니까. 아, 그런데
한 가지 문제가 또 생겼군. 도대체 어디에 있는 귤일까?"
"탐정님, 제발 지리 공부 좀 하세요. 귤은 제주도의 특산물이잖아요.
그러니까 제주도로 가야지요."
꼼꼼 조수가 구박을 했어.
하지만 척척 탐정은 못 들은 척 비행기를 타러 공항으로 갔지.

지역마다 어떤 특산물이 있을까?

특산물은 일정 지역에서만 생산되거나 다른 지역에서 나는 것보다 품질이 우수한 물품을 말해. 지역의 자연환경에 따라 자원과 원료가 달라서 지역마다 특산물이 달라. 특산물에는 상주 곶감, 제주도 감귤, 나주 배, 강화도 화문석 등이 있어. 특산물은 지역의 소득을 높여 주는 상품으로 지역 경제가 발전할 수 있도록 도움을 줘.

옛날에 귤은 아주 귀한 과일이었어. 그래서 조선 시대에는 임금님께 올렸던 과일로도 유명해.

드디어 제주도에 도착했어.
척척 탐정은 마음이 바빴어.
센 바람에도 아랑곳하지 않고 모래밭을 지나,
사람들을 헤치며 바닷가로 갔지.
그런데 바닷가 끝에 엄마가 딱 있는 게 아니겠어?
척척 탐정은 한달음에 달려가 엄마를 꼭 안았어.
"오, 마침내 내가 엄마를 찾아냈어. 역시 나는 천재 탐정이라니까."
"호호, 지도를 보고 잘 찾아왔구나."
엄마가 웃으며 말했어.

 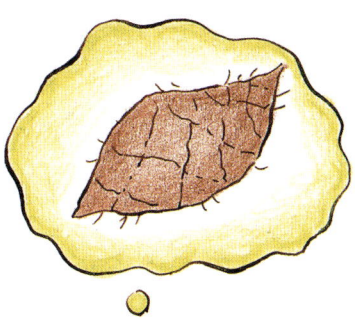

"무슨 지도요?"

척척 탐정이 물었지.

"동그랗고 줄무늬가 있는 제주도 지도를 책상에 두고 왔잖니?"

"아, 탐정님이 낙서라고 버린 것이 제주도 지도…… 헙!"

척척 탐정이 꼼꼼 조수의 입을 꽉 막았어.

지도를 잘 읽는 방법 3, 등고선을 알자.

등고선은 땅의 모양과 높이를 알려 주는 선이야. 수면을 기준으로 높이가 같은 부분을 연결한 선이지. 등고선을 보면 높은 곳과 낮은 곳, 땅의 경사가 급한지 완만한지 등을 알 수 있어. 또한 지도의 색깔을 보고 땅의 높낮이와 바다의 깊이를 알 수 있어.

땅은 가장 낮은 곳이 초록색이고 높아질수록 노란색, 갈색, 고동색 순으로 나타내.

바다는 깊어질수록 파란색이 진해져.

잠시 후, 척척 탐정이 엄마에게 물었어.

"그럼 내가 찾은 세 가지 단서는 뭐예요?"

"단서라니 무슨 말이니?"

엄마가 물었어.

"첫 번째 단서로 '곰'이라고 쓴 쪽지가 있었어요."

"호호, 곰이 아니라 문이란다. 문에 구멍이 나서 고치려고 써 놓은 거지. 거꾸로 보는 버릇 좀 고치렴."

"귤은요?"

"시장 갈 때 사려고 써 놓은 거란다."

"음……, 산에서 찍은 사진은 단서가 틀림없어요. 그렇지요?"

"이런! 그 사진은 지난가을에 같이 놀러 가서 찍은 거잖니."

엄마가 대답했어.

이야기를 다 들은 꼼꼼 조수가 씩씩댔어.
진짜 단서는 버리고 엉터리 단서만 챙긴 척척 탐정 때문에
고생을 해서 화가 났지.
"탐정님! 진짜 엉터리는 탐정님이에요.
이제부터 내가 탐정 할 테니 탐정님이 조수 하세요."
꼼꼼 조수가 버럭 소리쳤어.
하지만 이번에도 척척 탐정은 먼 데를 보며
못 들은 척 딴청을 했지.

지리를 알아야 하는 이유

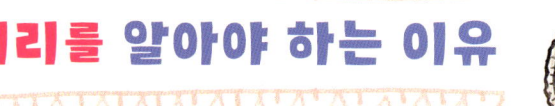

'지리'는 자연환경과 사람들의 생활 모습을 연구하는 학문이야. 우리의 생활에 꼭 필요한 학문이지. 지리를 알면 사람들이 살아가는 모습을 이해할 수 있어.

- 농사를 짓는 곳, 고기를 잡는 곳 등, 지역마다 사람들이 사는 모습이 왜 다를까? 자연환경이 다르기 때문이다. 이렇게 사람들의 생활 모습은 지리와 깊은 관련이 있다.

농촌

어촌

- 촌락과 도시는 계속 변하고 발달한다. 지역과 사람들의 생활이 어떻게 변하는지 알아보는 것도 지리의 한 부분이다. 현재의 모습으로 미래를 예측할 수 있기 때문이다.

옛날의 모습

오늘날의 모습

지리를 공부할 때에는 지도가 가장 큰 도움을 준다. 지도를 보면 지형, 기후, 자원 등 자연환경과 도시와 촌락, 인구, 교통, 문화, 산업 등을 알 수 있다. 그래서 다른 고장과 다른 나라를 직접 가 보지 않고도 정보를 얻을 수 있다.

낯선 곳에 갈 때 지도를 보고 찾아가는 것, 소풍 날 일기 예보를 보고 날씨를 미리 아는 것, 공장이나 집을 짓기 전에 땅을 조사하는 것 등. 모두 지리 정보를 통해 알 수 있다.

지리를 알려 주는 여러 가지 지도

지도란 사람이 많이 사는 곳, 사람이 적게 사는 곳, 도시가 발달한 지역, 산과 강, 들 같은 자연환경이 분포한 곳 등 지리 정보를 간단하게 표현한 것이다. 지도를 보면, 한눈에 자연환경과 사람들의 생활을 알 수 있다. 지도에는 어떤 것들이 있을까?

지형도
산, 들, 강, 바다 같은 자연환경과 마을, 도로 등의 위치를 나타낸 지도. 사람들은 자연환경의 영향을 받으며 살기 때문에 땅의 모양에 따라 음식, 풍습 등 사는 모습도 달라진다. 들에는 큰 건물을 짓고, 산에는 등산길을 만들고, 바닷가에는 배를 만드는 조선소를 짓는다. 이렇게 땅의 모양을 알면 그 지역에서 살아가는 사람들의 생활도 알 수 있다.

지도는 땅의 모양과 도로, 도시 등 일반적인 것을 나타낸 '일반도'와 인구, 기후, 교통 등 목적에 따라 주제별로 나타낸 '주제도'가 있어.

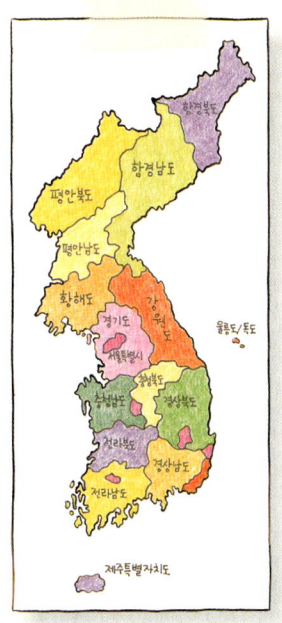

행정 구역도
시, 도, 구, 군, 등 행정 구역을 나타낸 지도. 각 지역의 모양과 위치를 알 수 있다.

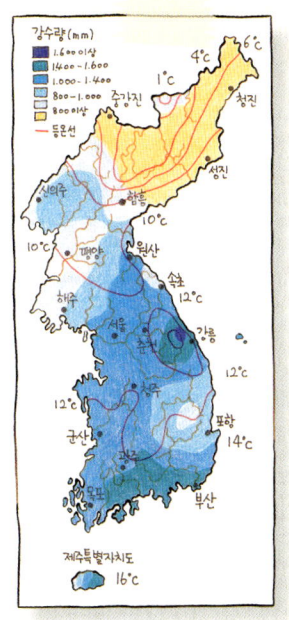

기후도
기온과 강수량을 나타낸 지도. 강수량은 비와 눈이 내린 양을 말한다. 기후도를 통해, 날씨와 기온을 예측해서 대비한다.

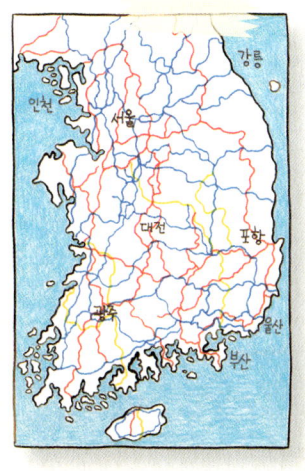

교통 지도
고속도로, 철로 등 도로를 나타낸 지도. 차와 비행기, 배가 다니는 길을 알려 준다. 교통 지도를 이용하면 편리하고 빠르게 길을 찾을 수 있다.

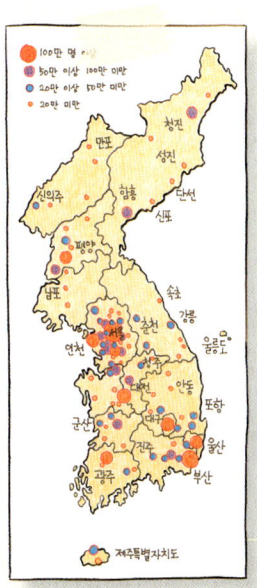

인구 분포도
사람들이 모여 사는 정도를 기호로 나타낸 지도. 평야와 항구가 발달한 해안 지역에는 사람이 많이 살고, 산간 지역에는 적게 산다는 것을 알 수 있다. 즉, 인구 수도 자연환경의 영향을 받는다는 것을 보여 준다.

지하철 노선도, 관광 지도, 특산물 지도는 목적에 따라 만든 주제도야.

스콜라 꼬마지식인 20
척척 탐정은 지도를 못 본대

초판 1쇄 발행 2017년 2월 24일 **초판 6쇄 발행** 2024년 3월 6일

글 김미애 **그림** 유설화
펴낸이 이승현

출판3 본부장 최순영
교양 학습 팀장 김솔미 **편집** 김숙영
키즈 디자인 팀장 이수현 **디자인** 오세라

펴낸곳 ㈜위즈덤하우스 **출판등록** 2000년 5월 23일 제13-1071호
주소 서울특별시 마포구 양화로 19 합정오피스빌딩 17층
전화 02) 2179-5600
홈페이지 www.wisdomhouse.co.kr **전자우편** kids@wisdomhouse.co.kr

ⓒ 김미애·유설화, 2017
ISBN 978-89-6247-817-4 74330

* 이 책의 전부 또는 일부 내용을 재사용하려면 반드시 사전에 저작권자와
㈜위즈덤하우스의 동의를 받아야 합니다.
* 인쇄·제작 및 유통상의 파본 도서는 구입하신 서점에서 바꿔드립니다.
* 책값은 뒤표지에 있습니다.
* 이 책의 사용 연령은 8~13세입니다.